Karin Rieniets

Malen und Modellieren mit Kindern

Karin Rieniets

Malen und Modellieren mit Kindern

Anregungen für 4-bis 12jährige

MAYER

Dem Unternehmen Hans Stockmar GmbH & Co. KG
in Kaltenkirchen sei an dieser Stelle für seine großzügige
Förderung herzlich gedankt. Ohne sie wäre die vorliegende
Arbeit nicht zustande gekommen.

Die deutsche Bibliothek – CIP-Einheitsaufnahme

Rieniets, Karin:
Malen und modellieren mit Kindern : Anregungen für Vier- bis
Zwölfjährige / Karin Rieniets. - Stuttgart ; Berlin : Mayer, 1999
ISBN 3-932386-32-9

ISBN 3-932386-32-9

Layout und Typographie: Karin Rieniets, Bochum
Satz und Druck: Gulde-Druck GmbH, Tübingen

Inhalt

Kreativität wird in der Kindheit angelegt

»Die Phantasie ist bedeutender als das Wissen. « *Albert Einstein*

Kinder bewegen sich in einer Welt, die noch weitgehend unbeeinflußt ist von Verhaltensmustern und -normen. In diesem Freiraum entwickeln sich Phantasie, Ideenreichtum und Schöpferkraft. Die Bedeutung der Pflege dieser Fähigkeiten zeigt sich viel später, wenn es darum geht, mit Problemen aller Art produktiv und konstruktiv umzugehen. In einer Definition heißt es: »Kreativität ist die Fähigkeit, neue Zusammenhänge aufzuzeigen, bestehende Normen sinnvoll zu verändern und damit zur allgemeinen Problemlösung in der gesellschaftlichen Realität beizutragen.«[1] In der Kindheit muß der Boden dafür bereitet werden, denn es ist die Entwicklungsphase, in der der Mensch am intensivsten und auf nachhaltige Weise gebildet und geprägt wird.
»Es darf angenommen werden daß das kreative Denken während der Vorschulzeit seine stärksten Anregungen und Angebote erhält und sich bereits zu dieser Zeit zu langdauernden Gewohnheiten, Einstellungen und Fähigkeiten verfestigt.«[2]

Die Kreativität des Kindes zeigt sich in verschiedensten Aktivitäten: in seiner Vorstellungskraft und seinem Sprachvermögen, in seinem sozialen Verhalten und seiner Erlebnisfähigkeit, beim Spielen, Malen, Plastizieren, Singen und Zuhören.

[1] G. Wollschläger, Kreativität und Gesellschaft, Frankfurt a.M. 1972
[2] Gottfried Heinelt, Kreative Lehrer, kreative Schüler, Freiburg 1974

Das Bedürfnis, sich bildnerisch auszudrücken, beginnt schon beim Kleinkind und äußert sich beim Malen in einfachen ursprünglichen Zeichen. Noch geht es nicht darum, die Wirklichkeit darzustellen, sondern sich in Beziehung zu ihr zu setzen.
Im Umgang mit Farben, Knetwachs, Sand oder Bauklötzchen geht das Kind spielerisch mit Materie um und verwandelt sie. Es nimmt staunend wahr, daß es etwas herstellen, etwas aus sich herausstellen kann.
Das musikalische Verhalten des Kindes äußert sich im Nachahmen von Melodien, die oft durch eigene sprachliche Lautmalereien ergänzt werden.
Die Welt der Märchen bereichert das Seelenleben des kleinen Kindes und antwortet auf unformulierte Gefühle und Gedanken. Das Gute und Böse, das Schöne und Häßliche, die Abenteuer und Prüfungen spre-

chen von der Vielfalt des Lebens und geben Anregungen, das Gehörte im Spiel phantasievoll umzusetzen und auf diese Weise zu eigenen Erfahrungen werden zu lassen.

Mit Beginn der Schulreife und dem Eintritt in die Schule wird eine neue Stufe kreativen Verhaltens erreicht. Das Kind hat gelernt, Phantasie und Wirklichkeit in Übereinstimmung zu bringen. Durch das bewußte Ausgestalten seiner Erlebniswelt setzt es eigene Erfahrungen um und verinnerlicht sie. Die Ergebnisse des schöpferischen Tuns erlebt es als Bestätigung des eigenen Könnens. Das wiederum stärkt die positive Selbstwahrnehmung und motiviert zur Eigeninitiative.

Je älter das Kind wird, desto mehr erwacht die Freude, bildnerisch zu experimentieren, zu probieren, kennenzulernen, zu verwandeln. Die Fähigkeiten zu unterscheiden, zu vergleichen und zu ordnen werden entwikkelt. Indem es unterschiedliche Gestaltungsmittel ausprobiert (z.B. Buntstifte, Aquarellfarben, Wachsmalfarben, Pastellkreiden) und verschiedene Techniken anwendet, lernt das heranwachsende Kind mit dem Zufall umzugehen und beginnt, selbst neue Wirklichkeiten zu erfinden. Bei diesem Tun entdeckt es, wie die Ausdrucksmittel wirken, wie man mit ihnen umgehen und sie bewußt einsetzen kann. Aus eigener schöpferischer Kraft wird Neues geschaffen. Die Darstellung wird Teil der Selbstdarstellung. »Durch handelndes Probieren erschließt sich der junge Mensch Wirklichkeiten und lernt sich selbst zu erfahren, nicht durch Darstellung von Gegenständen, sondern durch Gestaltung, durch Artikulation und Ordnung kann bildnerisches Denken entfaltet und ästhetische Bildung gewonnen werden.«[3]

Im Vorfeld zum Jugendalter schwächt sich die spontane Kreativität des Kindes ab. Der junge Mensch beginnt sich und die Welt kritisch zu hinterfragen, akzeptiert nur noch das, was dem eigenen skeptischen Urteil standhält. Ein nüchterner Wirklichkeitssinn erwacht. Man malt und gestaltet nicht mehr nach eigenen Vorstellungen, sondern realistisch - so wie die Dinge »wirklich sind«.

Anstelle einer selbst geschaffenen Bildrealität versucht der Heranwachsende die äußere Realität darzustellen.

Andere Bedürfnisse treten in den Vordergrund: Wissen wird gespeichert, der Verstand geschärft für kritisches Urteilen; die Orientierung an Werten und Inhalten von Kultur und Gesellschaft unterstützt die Phase der Identitäsfindung, die in diesem Entwicklungsabschnitt beginnt.

[3] Reinhard Pfennig, Erziehung zum bildnerischen Denken, Oldenburg 1967

Malen mit Wachsmalfarben

Wachsmalfarben bieten viele schöne, zum Teil unbekannte Maltechniken mit überraschenden Gestaltungsmöglichkeiten für groß und klein. Durch Übereinanderschichten, Ausschaben oder Schmelzen der Farben entstehen reizvolle Bildwirkungen. Anhand eines einfachen Bildmotives »Haus, Baum und Mond« können drei Techniken geübt werden, die dazu anregen, eigene Bilder zu gestalten.

Malen mit Wachsmalfarben

Wachsmalfarben können schichtweise übereinander aufgetragen werden. Die untere Farbe schimmert durch die obere hindurch, so daß Mischtöne durch optische Wirkung entstehen. Bei der Schicht- und Schabetechnik wird eine außerordentlich reizvolle, opalisierende Farbwirkung erzielt. Mit den Spitzen der Stifte und den Ecken der Blöcke läßt sich strichweise zeichnen, dichte Strichlagen ergeben Farbflächen. Mit den abgearbeiteten Flächen und Kanten kann großflächig gemalt werden.

Malpapier und Malgründe

Zum Malen eignen sich sowohl glatte als auch rauhe Zeichenpapiere. Je glatter das Papier, desto geschlossener der Farbauftrag, je körniger das Papier, desto lockerer die Wirkung. Experimentieren Sie mit farbigen Papieren (Tonpapier, Packpapier), mit Pergament- oder Japanpapier. Gute Wachsmalfarben haften auch auf anderen Gründen, z.B. auf Holz, Textilien, Glas, Cellophan und Kunststoff.

Einfache Schmelztechnik

Werkzeug und Material

- **Wachsmalfarben:*** es können sehr gut Reste verwendet werden
- **Mal- oder Skizzenpapier**
- **Bügeleisen**
- **Zeitungspapier**

* Wir haben mit Stockmar Wachsmalfarben gearbeitet.

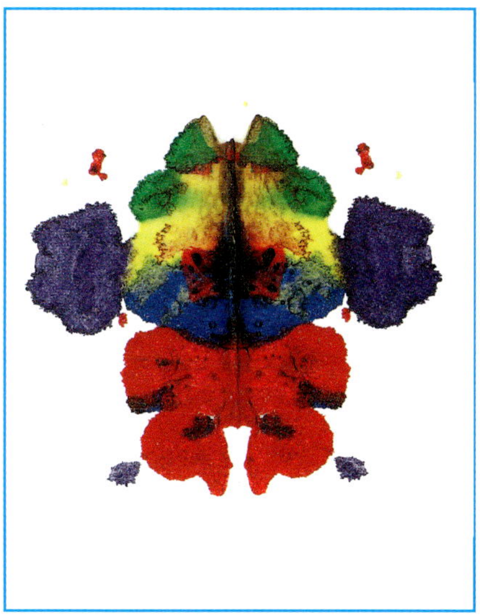

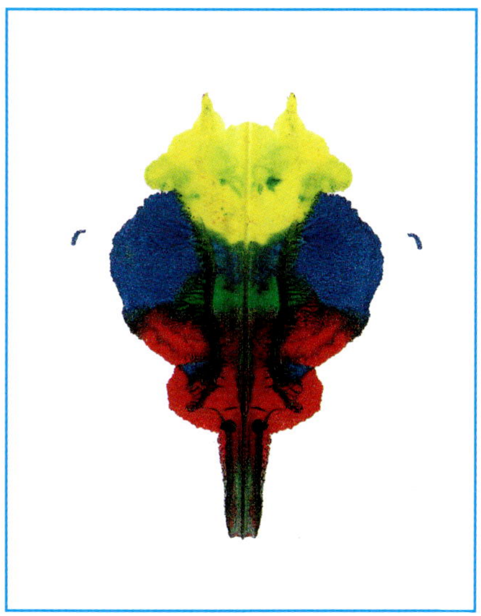

Diese Version der Schmelztechnik ist ganz unkompliziert. Sie eignet sich unter Anleitung auch für kleinere Kinder. Es entstehen farbige Figuren in Form von Blüten, Schmetterlingen oder floralen Figuren.

1 **E**inige Lagen Zeitungspapier unter das Malpapier legen. Mit dem Messer Farbteilchen von den Wachsmalfarben abkratzen und auf dem Blatt verteilen. Blatt zusammenfalten.

2 **M**it Zeitungspapier abdecken und mit dem heißen Bügeleisen die Wachsmalfarbe zum Schmelzen bringen. Papier auffalten.

3 **A**uf diese Weise lassen sich hübsche Einladungs-, Glückwunsch- oder Tischkarten selbst herstellen.

Schmelztechnik

Material und Werkzeug

- **Wachsmalfarben von Stockmar**
  Nur mit Stockmar Wachsmalfarben läßt sich die Schmelztechnik ausführen.
- **Zeichenpapier**
- **Zeitungspapier**
- **Warmhalteplatte** oder **Backblech auf geeignete Gegenstände legen (ca. 5 - 8 cm hoch), mehrere Teelichter darunter verteilen.**

Einstieg in die Schmelztechnik

1 **W**armhalteplatte mit einigen Lagen Zeitungspapier abdecken.

2 **M**alpapier auf das Zeitungspapier legen.

3 **W**armhalteplatte so heiß werden lassen, daß die Wachsmalfarbe beim Aufstrich flüssig wird.

4 **M**alen Sie Striche, Bögen und Flächen in verschiedenen Farben.

5 **V**erändern Sie den Druck beim Malen. Dadurch entstehen geschlossene, deckende oder lockere, aufgebrochene Farbflächen, die man als Gestaltungmittel wirkungsvoll einsetzen kann.

Durch unterschiedlichen Druck entstehen deckende oder lockere Farbflächen.

Bild mit Haus, Baum und Mond

1 **V**orbereiten wie unter »Einstieg in die Schmelztechnik 1-3« beschrieben.

2

Bild wie Vorlage oder ähnlich, eventuell mit Bleistift vorzeichnen.
Hinweis: Das Bild nicht zu klein anlegen; das schmelzende Wachs verlangt ein malerisches Gestalten.

3 **M**ond, Baum und Dachflächen mit sattem Auftrag farbig ausmalen. Hausfront mit schwachem Druck und breiter Kante übermalen, damit ein durchbrochener Auftrag entsteht. Wenn die Wärmequelle zu heiß ist, noch einige Lagen Zeitungspapier dazwischenlegen.

Schmelztechnik, Landschaft

4 **H**aus und Baum mit hellem Grün umgeben. Restliche Bildfläche mit Blau und Violett deckend ausmalen, dabei um den Mond einen aufgebrochenen Rand stehen lassen.

5 **M**it Weiß den Rauch und die Tupfen in der Baumkrone malen. Baumhintergrund mit Gelb, Dachumriß mit Weiß aufhellen.

TIP
Bei der Schmelztechnik saugt sich das Zeichenpapier mit Wachs voll und wird transparent. Die Bilder lassen sich ausgezeichnet als Fenstertransparente und zum Basteln von Lampions und Tischlaternen verwenden.
Bilder auf Luftpostpapier sind besonders reizvoll.

Schabetechnik

Einstieg Schabetechnik

Werkzeug und Material

- **Wachsmalstifte und/oder Wachsmalblöcke***
- **Schabewerkzeug** oder anderes geeignetes Gerät wie Taschenmesser, Nagelreiniger u.ä.
- **Zeichenpapier**

1 **M**it einer gelben Fläche beginnen. Kreuz und quer schraffieren, damit ein kräftiger Auftrag entsteht.

2 **D**aneben eine orange-farbige Fläche anlegen, gleichzeitig die gelbe Fläche übermalen; kräftig auftragen.

3 **D**ie blaue Fläche anlegen, gleichzeitig die vorhandenen Flächen übermalen; kräftig auftragen.

4 **Z**um Abschluß alles mit violetter Farbe übermalen; kräftig auftragen.

5 **M**it dem Schabewerkzeug Linien einritzen, Flächen herausschaben, schraffierte Flächen einkratzen usw.

TIPS

1. Beim Schaben entsteht farbiger Abrieb. Der läßt sich am besten mit einem kräftigen Pinsel oder einer Bürste entfernen.
2. Auf dunkelfarbigem Tonpapier oder Packpapier wirken helle Farben besonders reizvoll und ergeben eine eigene Bildwirkung.
3. Etiketten von Wachsmalstiften lassen sich problemlos entfernen, wenn man den Stift kurz in heißes Wasser taucht.

* Wir haben mit Stockmar Wachsmalfarben, 16er-Packung, gearbeitet.

Bild mit Haus, Baum und Mond

losen Kerze übermalen. Den Hintergrund des Hauses mit einem dunklen Grün anlegen, dabei das Haus übermalen. Den Himmel blau anlegen, dabei das ganze Bild kräftig blau überziehen. Zum Schluß das ganze mit Rot, dann mit Violett übermalen. Nun Haus, Dach, Mond und Baum herausschaben. Den Hintergrund mit dem gezackten Schabeteil partiell bearbeiten.

»Goldfisch« gelb anlegen, orange übermalen. Grüne Wasserpflanzen malen. Bild erst mit Blau dann mit Violett kräftig überziehen. Nun Fisch, Wasserpflanzen herausschaben, Hintergrund mit gezacktem und geradem Schaberteil bearbeiten; dann teilweise wieder mit Grün übermalen.

»**B**auen« Sie aus einfachen geometrischen Elementen ein Haus mit Baum und Mond. Nehmen Sie die nebenstehende Zeichnung als Muster oder legen Sie ein ähnliches Bild an. Jedes Element mit Farbe ausmalen; Hausfront weiß anlegen oder Fläche mit einer farb-

Schichttechnik Bild mit Haus, Baum und Mond

Werkzeug und Material

- **Wachsmalfarben***
- **Zeichenpapier**

1 **B**ild wie Vorlage (siehe unten) anlegen oder ähnliche Zeichnung, eventuell mit Bleistift vorzeichnen.

2 **M**ond, Haus- und Dachflächen, Kamin, Baum farbig ausmalen; nach Belieben zweite Farbe zart darüberschichten. Haushintergrund mit Grün, den Himmel mit Blau ausmalen.

3 **M**ond orangefarbig übermalen. Hauswände, Haus- und Baumumriß mit Gelb überziehen.

4 **R**auch mit Blau malen, mit Schwarz teilweise überschichten.

5 **B**ildränder mit Blau, Violett, evtl. etwas Schwarz kräftig abdunkeln. Dadurch kommen Haus und Mond besonders zum Leuchten.

*Wir haben mit Stockmar Wachsmalfarben, 8er-Packung/Grundsortiment, gearbeitet.

Die eigene Welt erfahren

Kinder malen

Der Drang zu malen und sich auf diese Weise auszudrücken, beginnt bereits beim Kleinkind im sogenannten Kritzelstadium. Dieser Antrieb ist noch ungenau und entspringt nicht der Absicht, etwas Konkretes darzustellen.

In Farbe und Form entwickelt das Kind eine eigene Sprache, in der es sich ohne Worte mitteilt und selbst darstellt. Gegenstand der Mitteilung sind alle Personen und Dinge, zu dem es in einer persönlichen Beziehung steht. Im unmittelbaren Bildausdruck werden Erfahrungen gemacht, Erlebnisse dargestellt und seelisches Geschehen ausgedrückt.

Die Farbe spielt beim Malen eine weitaus bedeutendere Rolle als die Zeichnung. »Die Farben sind Wirklichkeiten für das Kind, nicht nur Material. Mit Farben malen dürfen ist ein Ereignis, in dem häufig der Bezug zu anderen Wirklichkeiten - außerhalb des Malens - und auch zu den zeichnerisch herstellbaren Zeichen untergeht. Das Kind malt um des Malens willen. Es entwickelt dabei eigene Malvorgänge: es baut Farbfelder aneinander, es überdeckt und übermalt, es breitet die Farben fleckhaft aus und läßt sich von dem Entstehenden führen. ...Die rückwirkende und bewirkende Kraft des Materials (der Farbe) spielt eine weitaus größere Rolle, als die Wirkung der Linie.«[4]

Während die Zeichnung zur Abstraktion neigt und eine eher intellektuelle Haltung fordert, wirken die Farben auf Seele und Gemüt. Das Gefühlsleben in seiner ganzen Spannbreite entspricht dem kindlichen Verhalten in besonderer Weise. Dies drückt sich aus in der intensiven und reichen Ausdruckskraft der farbig gestalteten Kinderbilder.

[4] Reinhard Pfennig, Erziehung zum bildnerischen Denken, Oldenburg, 1967

Kinder im Vorschulalter benötigen selten Anregungen von außen; sie folgen einem inneren Impuls und malen in ihrer ureigensten Ausdrucksweise.

In der Farbe drücken sie sich seelisch aus. Dabei können Stimmungen und Spannungen ausgeglichen und harmonisiert werden. Erst allmählich beginnt das heranwachsende Kind, Wirklichkeit und Phantasie in Übereinstimmung zu bringen. Durch das bewußte »Ausmalen« seiner Erlebniswelt setzt es eigene Erfahrungen seelisch um und erlebt das schöpferische Gestalten als positives Ergebnis eigenen Könnens.

Die Freude am Malen hält bis etwa zur Pubertät unvermindert an, wird aber immer weniger als impulsives Bedürfnis erlebt, sondern als Wunsch etwas »Schönes zu tun«. Themenanregungen können den ungezielten Wunsch in geeignete Bahnen lenken.

Motivierend sind Bildinhalte, die ein Geschehen sichtbar machen; also nicht »ein Baum«, sondern »ein Baum im Sturm« oder »das Wurzeltier«, »Frau Holle schüttelt die Betten, es schneit«, »Gelbe Blumen blühen im grünen Gras« usw.

Beim älter werdenden Kind erwacht der Drang, bildnerisch zu experimentieren. Die Freude zu entdecken, zu finden und zu erfinden prägt das Geschehen.

Durch das Ausprobieren verschiedener Techniken, durch das Arbeiten mit unterschiedlichen Materialien erlebt das Kind, wie es aus eigener Kraft Neues schafft. Selbstbewußtsein wird affirmativ erfahren, schöpferische Fähigkeiten werden mobilisiert und gepflegt.

Aquarellieren Naß-in-Naß

Die Naß-in-Naß-Technik eignet sich in besonderer Weise für das Aquarellieren mit Kindern. Die Farben werden auf feuchtem Papier vermalt; dadurch »blühen« sie auf und laufen ineinander. Naß-in-Naß ist eine schnelle, spontane Malmethode, die überraschende Wirkungen hervorzaubert mit feinen Strukturen und zarten Farbübergängen. Bei dieser Malweise spielt der Zufall mit. Die Ergebnisse sind unvorhersehbar, aber gerade deshalb aufregend. Ältere Kinder werden bald Freude daran haben, den Zufall zu lenken und Farbfluß und Farbmischungen bewußt einzusetzen.

Aquarellfarben mischen

Werkzeug und Material

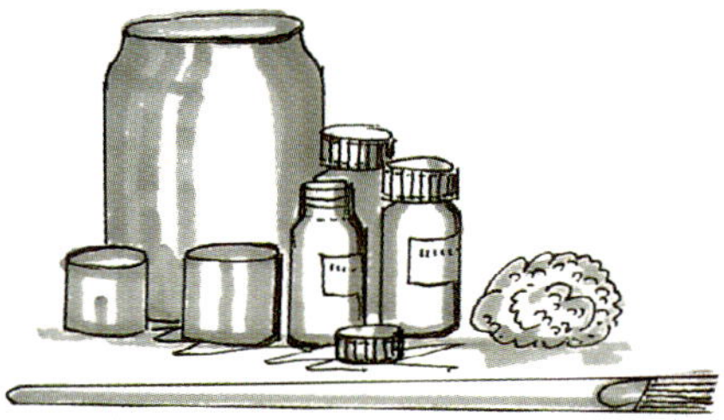

Wir empfehlen für den Einstieg

- **Farbkreisfarben von Stockmar Rot, Blau und Gelb,**
  damit erzielen Sie die saubersten Mischergebnisse.
  Oder Aquarellfarben Karminrot, Zitronengelb, Ultramarinblau

Außerdem:

- **1 bis 3 Flachpinsel, z.B. in den Breiten 22 bis 16 mm**
- **Aquarellpapier**

  nicht zu leicht, saugfähig
- **1 Malbrett**
- **Papier-Klebeband**
- **Behälter**
  zum Anmischen der Farben
- **Wasserbehälter**
  zum Auswaschen der Pinsel
- **Schwämmchen und Lappen.**

Farbkreisfarben oder Aquarellfarben von Stockmar haben eine pastenartige Konsistenz und werden vor der Arbeit mit 1 Teil Farbsubstanz und mit 2 Teilen Wasser angerührt; dann füllt man mit Wasser nach. Soll der Farbton intensiv leuchten, mischt man mit weniger Wasser, soll er zart sein, gibt man mehr Wasser hinzu.

Erfahrungsgemäß benötigt man von Gelb mehr Farbe als von Blau

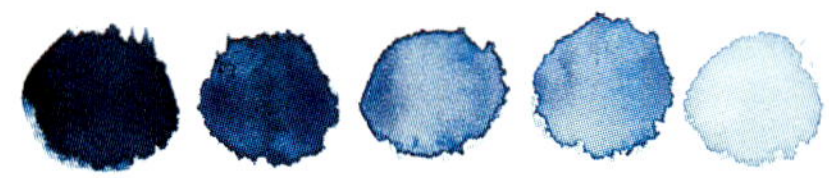

und Rot. Im nassen Zustand wirkt die Farbe kräftiger als im trocknen.

Wir empfehlen, auf einem Übpapier verschiedene Farbproben zu machen, um ein Gefühl für die Intensität und Leuchtkraft der Aquarellfarbe zu bekommen.

1. Mit den Grundfarben Rot, Blau und Gelb können Sie viele schöne Farben mischen.

2. Mischen Sie in einem Näpfchen Gelb an. Geben Sie etwas Rot hinzu und rühren Sie die Farben durch. Malen Sie einen Tupfen auf das Papier: Sie haben ein Orange gemischt.

3. Je mehr Rot Sie mit dem Gelb vermischen, desto intensiver wird das Orange.

5. Variieren Sie die Tonintensität, indem Sie mehr Wasser hinzufügen. Die Farbe wird heller und zarter.

6. Experimentieren Sie weiter wie beschrieben: Rot mit Blau ergibt Violett, Blau mit Gelb ergibt Grün.

Um zu guten Ergebnissen zu kommen, muß das Zeichenpapier sorgfältig aufgezogen werden.

1 **M**alpapier mit einem nassen Schwamm gut anfeuchten, die feuchte Seite glatt auf das Malbrett legen; nun die trockene Seite mit dem Schwamm naß machen.

2 **I**st das Blatt gut durchfeuchtet, wird alles überflüssige Wasser mit dem

Schwamm weggenommen, so daß es nur matt, nicht glänzend naß ist. Eventuelle Luftblasen mit dem Schwamm vorsichtig ausstreichen. Wenn nötig, das Blatt dabei anheben.

3 **S**chneiden Sie Streifen des Papierklebebandes ab und befeuchten Sie es mit einem Schwamm. Befestigen Sie alle vier Seiten des Malpapiers mit dem Klebeband auf dem Malbrett. Das verhindert, daß sich das Papier beim Trocknen wellt.

Aquarell mit zwei Farben

Werkzeug und Material

- **Aquarellfarben Rot und Blau***
- **2 Flachpinsel**
  z.B. in den Breiten 18 und 22 mm
- **saugfähiges Papier**
- **1 Malbrett**
- **Papier-Klebeband**
- **Behälter**
  zum Anmischen der Farben
- **Wasserbehälter**
  zum Auswaschen der Pinsel
- **Schwämmchen und Lappen**

1 **M**alpapier anfeuchten und aufziehen wie auf der vorhergehenden Seite beschrieben.

2 **M**it Wasser ein kräftiges Rot, in einem zweiten Behälter ein zartes Blau anmischen; dafür mehr Wasser hinzufügen. Machen Sie auf Übpapier eine Farbprobe.

3 **V**ersetzen Sie sich in die Stimmung »Rot feiert Geburtstag, ein Blau kommt zu Besuch« oder »Rot verdrängt Blau«. Wenn Sie mit Kindern malen, ist es hilfreich eine Geschichte zu erzählen, um die kindliche Phantasie anzuregen.

4 **M**alen Sie eine kräftige rote Fläche, schauen Sie, wie sich die Farbe ausbreitet.

5 **S**etzen Sie dem Rot ein zartes Blau entgegen. Das Blau zerfließt und begegnet dem Rot. Es entsteht ein Violett.

Achtung! Pinsel vor jedem Malvorgang in klarem Wasser auswaschen oder mit zwei Pinseln arbeiten.

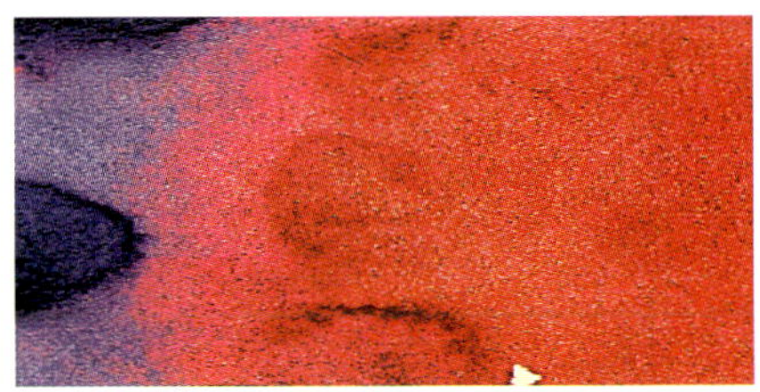

* Wir haben mit Stockmar Farbkreisfarben Rot und Blau gearbeitet.

»Ein Rot feiert Geburtstag«

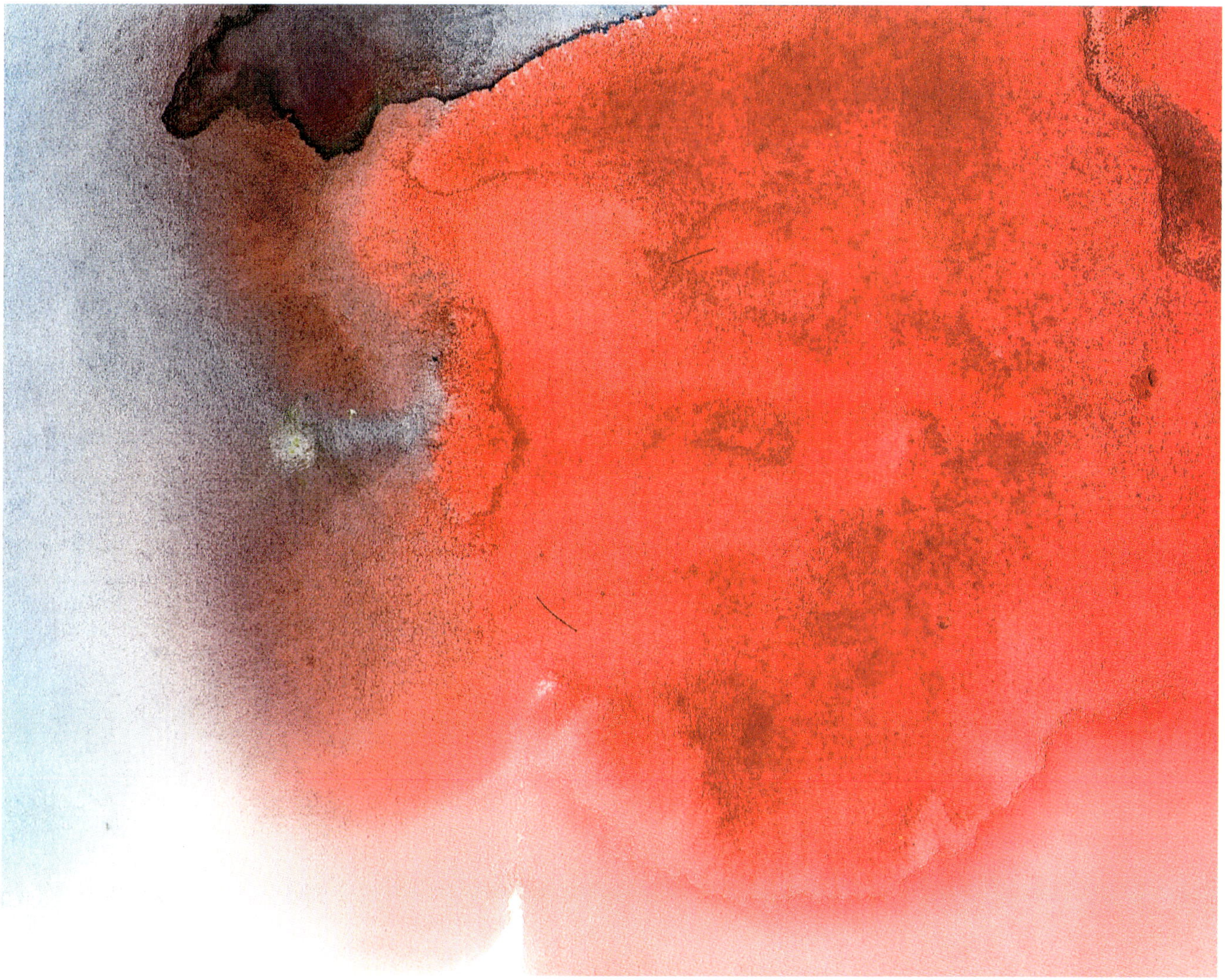

Aquarell Abdruckverfahren

Werkzeug und Material

- **Aquarellfarben Rot, Blau und Gelb***
- **2- 3 Flachpinsel**
  z.B. 16, 18 und 22 mm breit
- **saugfähiges Papier**
- **1 Malbrett**
- **Papier-Klebeband**
- **Behälter**
  zum Anmischen der Farben
- **Wasserbehälter**
  zum Auswaschen der Pinsel,
- **dünne Plastikfolie**

* Wir haben mit Stockmar Farbkreisfarben Rot, Gelb und Blau gearbeitet

1 **M**alpapier anfeuchten und aufziehen wie auf Seite 21 beschrieben.

2 **R**ot, Blau und Gelb wie beschrieben anmischen; je nach Stimmung können die Farben zart oder kräftig sein. Es muß nicht zwingend mit den Primärfarben gearbeitet werden, man kann auch mit Mischfarben experimentieren.

3 **S**pontan verschiedenfarbige Tupfen, Flächen oder Linien auf das Papier setzen.

Achtung! Pinsel vor jedem Malvorgang in klarem Wasser auswaschen oder mit drei Pinseln arbeiten.

4 **A**uf die nasse Farbe ein Stück dünne Plastikfolie legen (z. B. Malerfolie, Müllbeutelfolie u. ä.). Mit der Hand über die Folie streichen, so daß sich Falten bilden. Dadurch gestaltet sich die Farbe zu effektvollen Formen, die an gesplittertes Glas erinnern.

5 **F**olie auf dem Papier ganz trocknen lassen. Das kann etwas länger dauern. Erst danach abziehen.

Hinweise

Diese Bildvorlagen eignen sich besonders gut, um damit Bücher, Notizhefte, Taschenkalender, Telefonbüchlein usw. zu beziehen und auf diese Weise hübsche Geschenke zu machen.

Die Vorlage kann auch weiter bearbeitet werden. Gestalten Sie das Bild, indem Sie Flächen verstärken oder auswaschen, indem Sie Flächen übermalen oder Figürliches dazufügen.

Weitere Anregungen

Nach einiger Übung lassen sich auch konkrete Themen im Naß-in-Naß-Verfahren gestalten. Einige Anregungen:
»Nachts auf dem See«, »Gelbe Blumen leuchten im Gras«, »Die Herbstblätter fallen«, »Das Schloß im Märchenwald« usw. Märchen, Gedichte und Lieder können weitere Anregungen geben.

»Bewegtes« Aquarell mit drei Farben

Werkzeug und Material

- **Aquarellfarben Rot, Blau und Gelb***
- **2- 3 Flachpinsel**
  z.B. 16, 18 und 22 mm breit
- **saugfähiges Papier**
- **1 Malbrett**
- **Papier-Klebeband**
- **Behälter**
  zum Anmischen der Farben
- **Wasserbehälter**
  zum Auswaschen der Pinsel

1 **M**alpapier anfeuchten und aufziehen wie auf Seite 21 beschrieben.

2 **R**ot, Blau und Gelb in verschiedenen Behältern anmischen. Je nach Stimmung werden die Farben kräftig oder zart angemischt. Berücksichtigen Sie, daß die Farben nach dem Zerlaufen und Trocknen deutlich heller werden.

* Wir haben mit Stockmar Farbkreisfarben Rot, Gelb und Blau gearbeitet.

3 **P**insel in die Farbe tauchen und rote,gelbe und blaue Farbflächen nebeneinanderstellen.

Achtung! Pinsel vor jedem Malvorgang in klarem Wasser auswaschen oder mit drei Pinseln arbeiten.

Solange die Farbflächen noch wäßrig sind, das Malbrett hin- und herbewegen, so daß die Farben ineinanderlaufen und sich vermischen.

4 **Ü**berschüssige Farbe kann vorsichtig mit dem Schwämmchen aufgesaugt werden. Dort, wo die Farbe zu hell geworden ist, etwas Farbe nachtupfen.

TIP: Experimentieren Sie mit anderen Farben. Machen Sie Versuche mit monochromen Bildern, indem Sie z.B. eine einzige Farbe in verschiedenen Farbstärken anmischen und ineinander laufen lassen.

Die Farbenwelt erleben

Kinder aquarellieren

Das Gestalten mit Wasserfarben unterscheidet sich von allen anderen Malarten. Das Element Wasser nimmt der Farbe die Schwere und macht sie transparent. Die Farben beginnen auf dem weißen Malpapier zu schimmern und zu leuchten. Das Licht in der Farbe wird beim Aquarellieren sichtbar.[5]

Die Naß-in-Naß-Technik eignet sich in besonderer Weise, Farbe zu »erleben«. Auf dem nassen Papier breitet sich die flüssige Farbe aus , begegnet einer anderen, bildet mit dieser einen neuen Farbton. Dadurch kommt das Kind beim Malen in ein inneres Verhältnis zur Farbe. Es erfährt, was Farben erzählen können und wie sie miteinander »umgehen«.

Die Naß-in-Naß-Technik entwikkelt durch die zerfließende Farbe eine Art Eigendynamik, die sich nur bis zu einem gewissen Grade steuern läßt. Dadurch gewinnt das eigentliche Malgeschehen Bedeutung, das Malergebnis rückt in den Hintergrund. Unvoreingenommen und staunend erleben Kinder die wunderbare Welt der Farben mit ihrer eigenen Wirkung auf Seele und Gemüt.

Bei kleineren Kindern sollen sich die ersten Malversuche in spielerischer Art und Weise vollziehen, indem man Farben und Formen frei entstehen läßt. Dabei kann das Kind erfahren, wie das Rot sich mit dem Gelb vermischt und zu einem strahlendem Orange wird. Trifft es auf Blau, entsteht ein geheimnisvol-

[5] Johann Wolfgang Goethe, Zur Farbenlehre. Sämtliche Werke, Münchner Ausgabe, Band 10, München 1989: *»Die Farben sind Taten des Lichts, Taten und Leiden. In diesem Sinne können wir von denselben Aufschlüsse über das Licht erwarten.«*

les Violett. Begegnet das Blau dem Gelb verwandeln sich beide Farben in Grün.

Nach diesen ersten Übungen kann weiter experimentiert werden: Was geschieht, wenn man dem Grün noch etwas Blau hinzufügt, was macht das Blau, wenn man es mit dem Violett mischt oder dem Violett mehr Rot hinzufügt?

Lassen Sie die Kinder zunächst mit 2, dann mit 3 Primärfarben beginnen, damit sie sich ganz auf das Farbgeschehen der drei Grundfarben konzentrieren.

In einem nächsten Schritt können Sie bestimmte Farben vorgeben. Wenn sie auf dem Papier »lebendig« werden, kann sich ein Bild entwickeln, das man weiter vervollständigen kann. Ältere Kinder werden in einem bewußten Prozeß das Entstehen von Farbtönen aufmerksam verfolgen. Sie erfahren, wie durch Mischen eine Vielfalt von Farbtönen entsteht, sie entdecken, wie sich Farben in ihrem Zusammenspiel und in ihrer Leuchtkraft gegenseitig mäßigen oder steigern.

Modellieren mit Knetwachs

Das Modellieren mit Knetwachs ist eine reizvolle Beschäftigung für Kinder. In der Gruppe bringt das einträchtige Plastizieren besondere Freude. Es ist eine willkommene Abwechslung beim Kindergeburtstag, bei der Vorbereitung auf Advent oder als Unterhaltung in den Ferien. Die Anleitungen zeigen das Grundprinzip des Modellierens von Figuren. Danach lassen sich viele Themen nach eigener Vorstellung gestalten.

Über Modellierwachse

Es empfiehlt sich, bei Knetwachsen nicht an der Qualität zu sparen. Wir empfehlen deshalb Knetbienenwachs oder Knetwachs der Firma Stockmar. Sie bröckeln nicht, schmieren nicht, färben nicht ab und sind ökologisch einwandfrei.

Hinweise zum Modellieren

Modellierwachse sind hart und müssen durch kräftiges Kneten in den warmen Händen geschmeidig und formbar gemacht werden. Kleineren Kindern erleichtert man diesen Vorgang, indem man das Knetwachs in warmem Wasser vorwärmt.
Beim Modellieren mit Kindern kann es hilfreich sein, ihnen eine Geschichte zu erzählen oder vorzulesen, während sie das Wachs in beiden Händen halten und kneten.
Sobald das Modellierwachs weich ist, wird die Grundform plastiziert.

Bei kleineren Figuren knetet man aus der Grundform Nase, Ohren, Hals, Schwänzchen, Schnabel, unter Umständen auch Kopf und Arme direkt heraus.

Bei größeren Figuren empfiehlt es sich, Kopf, Körper, Arme, Beine oder Stiele, Blätter, Blüten einzeln zu plastizieren und dann zusammenzufügen.

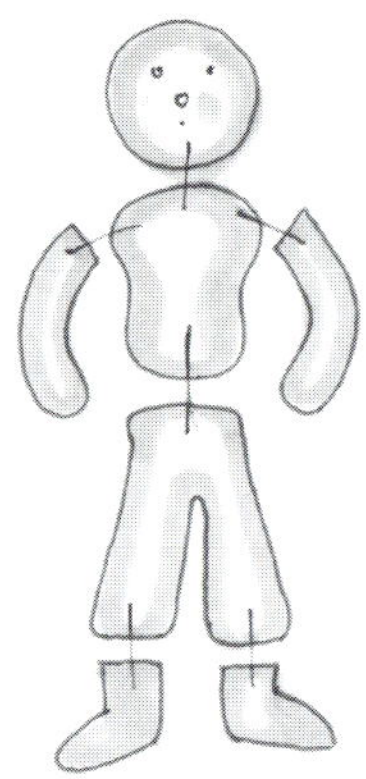

Wenn nötig, kann man Beine, Stämme, Stiele u.a. mit Streichhölzern, Draht oder kleinen Stöcken zusätzlich verstärken und auf diese Weise stabilisieren.

Da das Modellierwachs nach dem Auskühlen wieder hart wird, müssen die einzelnen Teile unbedingt fest verbunden werden. Dafür hat sich Klebwachs bewährt, wie man es zum Fixieren von Kerzen verwendet. Kopf, Körper, Arme und Beine sollten Sie zusätzlich mit Hölzchen (Streichhölzer, Zahnstocher) verbinden.

TIPS

1. Wenn das Modellierwachs sehr weich ist, verformt es sich leicht beim Zusammenfügen. Stecken Sie ein Klebwachskügelchen in ein vorgebohrtes Loch, dann lassen sich die Teile problemlos mit einem Stöckchen verbinden.

2. Wenn Figuren kippen, einfach fest auf die Unterlage drücken, Modellierwachs haftet auf dem Untergrund.

3. Kanten und kleine Flächen werden plan, indem man sie auf einer glatten Fläche leicht aufstößt.

Um einen Hals mit Kopf und Körper zu verbinden, Wachskugel auf ein Hölzchen spießen und Körperteile der Figuren damit verbinden.

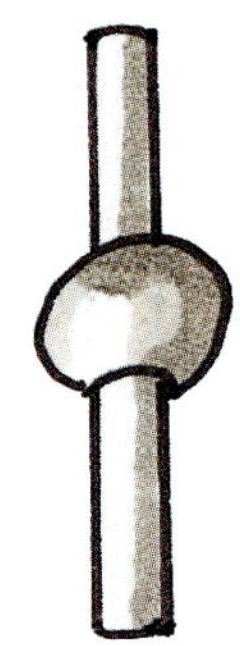

Auf dem Bauernhof

Werkzeug und Material

- **Knetwachs***
- **Schneidewerkzeug**
(Messer, ausgediente Feile o.ä.)
- **Klebwachs****
das man zum Befestigen von Kerzen benutzt
- **Zahnstocher, Streichhölzer o.ä.**
zum Verbinden einzelner Teile
- **Kneifzange**
zum Abknipsen der Hölzchen

*Wir haben mit Stockmar Knetbienenwachs, Packung à 6 farbigen Tafeln, modelliert.

**Wir haben mit Stockmar Klebwachs gearbeitet.

Die Anleitungen zeigen das Grundprinzip des Modellierens mit Knetwachs. Danach lassen sich viele andere Themen nach eigenen Vorstellungen gestalten.

Alle gezeichneten Vorlagen sind in Originalgröße und proportionsgerecht dargestellt.
Kinder sollten ohne Vorlagen modellieren. Der kindliche Sinn für Proportionen hat eigene unverfälschte Ausdruckskraft. Leisten Sie lediglich Hilfestellung.

Der Bauer

Teile zeichengemäß mit Hölzchen verbinden.

Vorlagen sind in Originalgröße und proportionsgerecht dargestellt.

1 Kopf

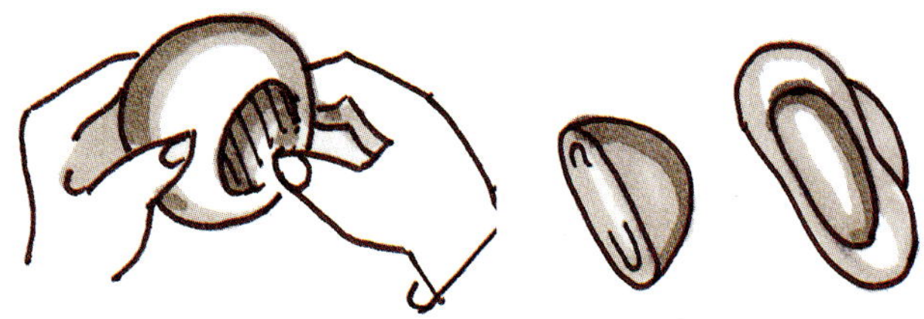

2 Hut / Haube

1 **Kopf** plastizieren (1), **Nase** aufkleben, **Mund** und **Augen** mit einem Streichholz einkerben. Für **Schnurrbar**t dünne Rollen formen, unter die Nase kleben.

2 **Hut** modellieren (2): Kugel formen, mit dem Daumen unter gleichzeitigem Drehen eine Vertiefung modellieren, Haube auf den Kopf setzen und aus dem Rand eine Krempe formen.

3 **Oberkörper** arbeiten (3) wie auf nebenstehender Zeichnung dargestellt.

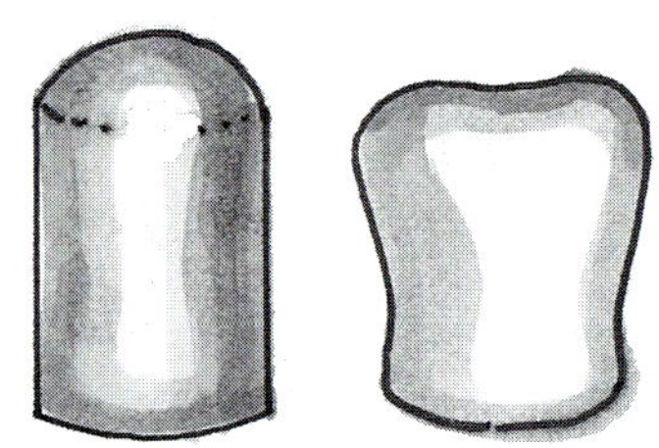

3 Oberkörper

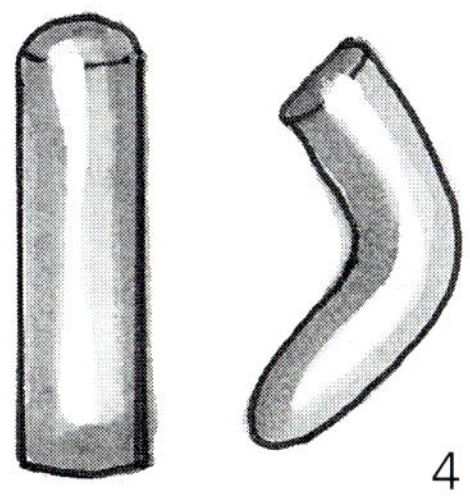

4 Arme

5 Hose

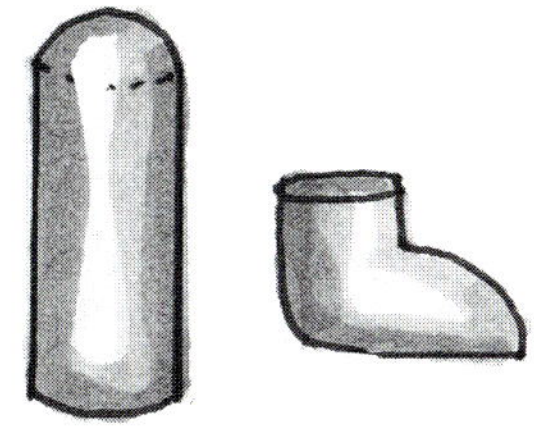

6 Stiefel

4 Für **Arme** Rolle formen, zeichengemäß plastizieren, Arme leicht abwinkeln.

5 Für **Hose** zwei Rollen formen, oben zusammenfügen, in der Taille schmal drücken, Hosenbeine ausstellen und unten abflachen.

6 Für **Stiefel** zwei Rollen formen, umbiegen, Standfläche abflachen.

Der Hahn, die Henne und das Küken

Teile zeichengemäß mit Hölzchen verbinden

7 Ovalen **Kopf** formen, **Schnabel** herausarbeiten. Für den Körper erst Rolle formen und wie Vorlage modellieren. Standfläche formen und gut abflachen. Körper für Henne etwas kleiner gestalten.

8 Zwei **Flügel** formen, Verzierung mit Streichholz einkerben. Für **Schwanzfedern** Rollen formen (nicht für die Henne), flachdrükken, Verzierung einkerben, rund biegen, ankleben.

9 Für **Kamm** und **Kehllappen** kleine rote Kugeln flachdrücken, ankleben.

10 Für **Küken** Rolle formen, Schnabel und Schwänzchen modellieren.

Die Bäuerin wird nach dem gleichen Prinzip wie der Bauer modelliert.

Vorlagen sind in Originalgröße und proportionsgerecht dargestellt.

Teile zeichengemäß mit Hölzchen verbinden

11 **Kopf** wie Zeichnung 1 plastizieren. **Haare** wie Haube modellieren, Zeichnung 2 (siehe Seite 32).

12 **Kopftuch**: Modellierwachs dünn auskneten, Tuch ausformen und um den Kopf legen.

13 **Kleid** und **Ärmel** wie Zeichnung 7 arbeiten. Arme formen (siehe Zeichnung 4), jedoch gekürzt um die Puffärmel.

7 Kleid und Ärmel

14 Für **Beine** zwei Rollen kneten (ca. 12 mm lang), nach unten schmaler formen. **Schuhe** formen, (Zeichnung 8 nächste Seite).

15 **Schürze**: Schürze aus 2 Teilen dünn auskneten, auf das Kleid kleben. Bänder formen, (Zeichn. 9 nächste Seite).

8 Schuhe

10 Schürze

16 Den **Korb** wie Haube (Zeichnung 2, Seite 32) modellieren, oval formen, zwei Henkel anbringen; mit Obst und Gemüsen füllen.

11 Korb

Die Katze und der Hund

17 Für **Körpe**r Rolle formen, an beiden Enden **Beine** herausmodellieren, Körper rund biegen.

18 Für den Kopf aus einer Kugel **Ohren** und **Schnauze** direkt herausmodellieren, die Hundeschnauze einschneiden und auseinanderbiegen

19 Für den **Katzenschwanz** dünne Rolle formen.

Für den **Hundeschweif** Rolle formen, etwas platt drücken, in Form biegen.

Alle Teile mit Klebwachs und Stöckchen zusammenfügen.

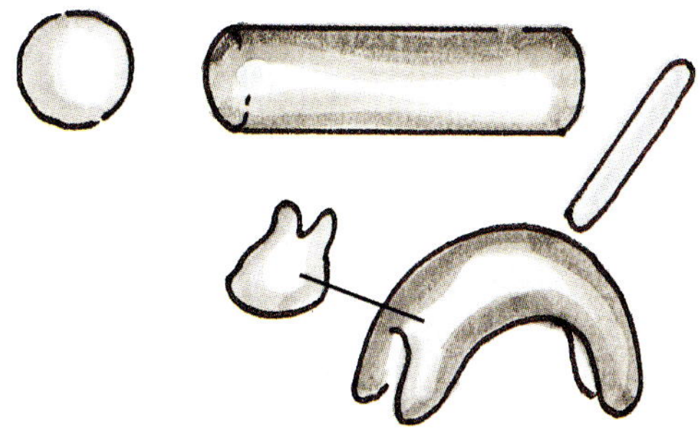

Teile zeichengemäß mit Hölzchen verbinden

Teile zeichengemäß mit Hölzchen verbinden

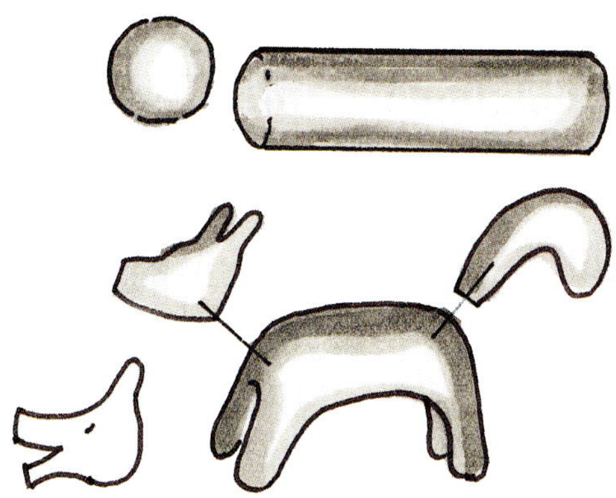

Krippenfiguren

Werkzeug und Material

- **Knetwachs***
- **Schneidewerkzeug** (Messer, ausgediente Feile o.ä.)
- **Klebwachs****
- **Zahnstocher, Streichhölzer o.ä.** zum Verbinden einzelner Teile
- **Kneifzange** zum Abknipsen der Hölzchen

*Wir haben mit Stockmar Knetbienenwachs, Packung mit 6 farbigen Tafeln, modelliert.

**Wir haben mit Stockmar Klebwachs, gearbeitet.

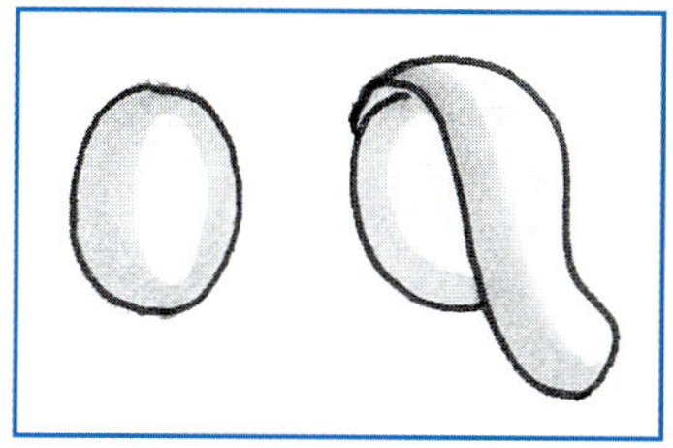

2 **Engel**: Kopf formen. Für Haare ein dünnes Band plastizieren, um den Kopf legen. Kopf mit Hals versehen und mit dem Körper verbinden (siehe S. 30).
Für Stern drei Röllchen über Kreuz legen, flach drücken, am Stab befestigen.

Vorlagen sind in Originalgröße und proportionsgerecht dargestellt.

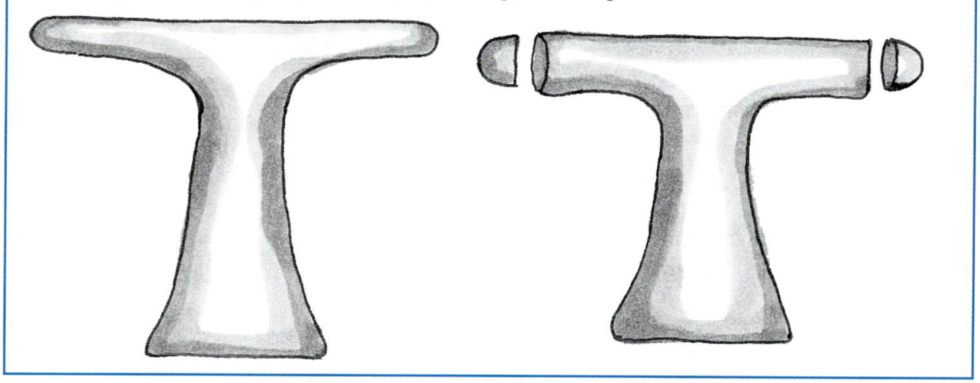

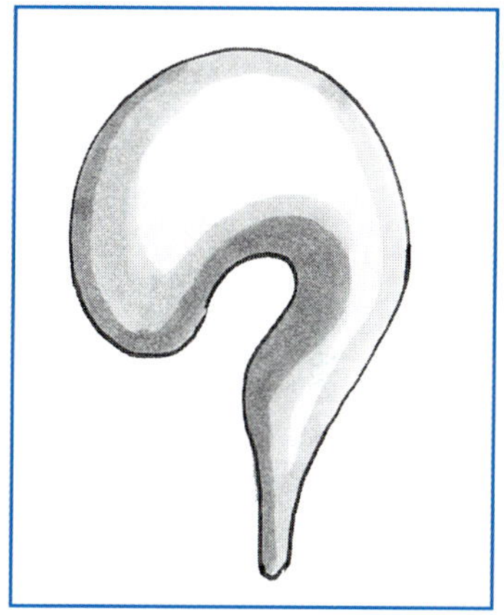

1 **Körper Engel, Maria und Josef**
Das Grundmuster gilt für alle Figuren: Aus circa einer halben Knetwachsplatte eine Rolle formen, Körper und Arme wie Zeichnung modellieren, Standflächen gut abflachen. Maria und Josef bekommen Hände: Zwei Kugeln flach drücken, an einer Seite begradigen, mit Klebwachs an die Ärmel fügen. Arme nach vorne biegen.

3 **Flügel**
Flügel gemäß Skizze plastizieren, in Form biegen und am Rükken mit Klebwachs befestigen.

Vorlagen sind in Originalgröße und proportionsgerecht dargestellt.

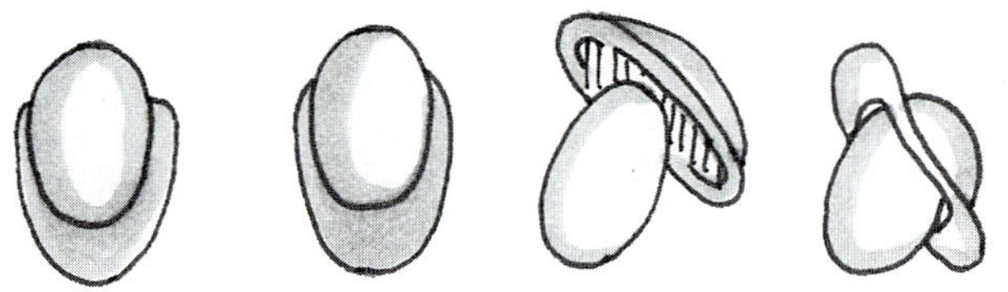

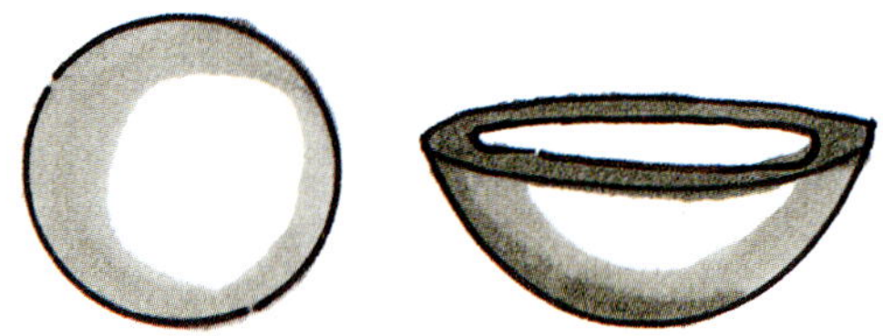

4 **Josef**: Oval für **Kopf** formen, **Bart** modellieren und um das Kinn legen. **Hut** modellieren (s. S. 32 Zeich. 2) und auf den Kopf setzen. **Körper/ Gewand** plastizieren wie auf voriger Seite beschrieben. Kopf mit Hals versehen, mit Klebwachs und Hölzchen verbinden (s. S. 30). **Umhang**: Haselnußgroße Kugel sehr dünn auskneten, die Ränder bleiben unregelmäßig, über den Rücken drapieren.

5 **Maria**: Ovalen **Kopf** modellieren, **Haare** wie bei Engel (vorige Seite) formen. **Körper/Gewand** plastizieren wie auf voriger Seite beschrieben. Kopf mit Hals versehen, mit Klebwachs und Hölzchen mit dem Körper verbinden (s. S. 30).

6 **Umhang/Schleier** modellieren wie bei Josef; das Modellierwachs wie einen Schleier um den Körper drapieren.

7 **Jesuskind**: Aus kleiner Rolle **Ärmchen** und **Beinchen** herausmodellieren. **Kopf** mit Klebwachs am Körper befestigen. Für **Heiligenschein** Kugel flach drücken und an den Hinterkopf kleben.

8 **Krippe**: Kugel formen, mit dem Daumen unter gleichzeitigem Drehen eine Vertiefung modellieren, durch sanftes Ziehen Oval bilden.

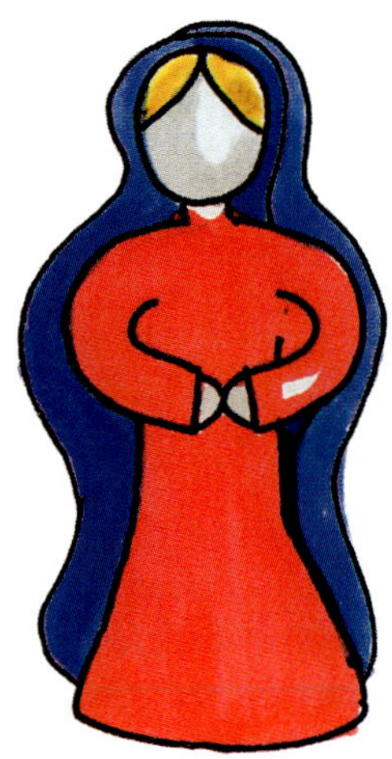

Die Welt begreifen

Kinder modellieren

Kinder sind ständig beschäftigt. Voller Eifer und Tatendrang begreifen sie die Welt, indem sie diese im wahrsten Sinne des Wortes »be-greifen«. Im Vorgang des Plastizierens und Modellierens bekommt das »Begreifen« eine neue Dimension. Das Kind formt und verformt ein Material, das heißt, es wird erfinderisch. Denn etwas formen heißt, Vorhandenes gestalten, etwas verformen heißt, Vorhandenes umgestalten und neu entwerfen. Zunächst geschieht dies ganz spielerisch. Das Material ist Mittel zum Zweck, um die Welt zu erfahren und sich zu ihr in Beziehung zu setzen.

»In den dreidimensionalen bildenden Künsten - Plastizieren, Bildhauerei, Schnitzen und Töpfern - geht es besonders um die künstlerischen Prozesse des Formens, des Begrenzens und Abgrenzens, der Oberflächenbildung und der Gestaltbildung und -erhaltung. Hier gelten Gesetze, die auch bei Gestaltbildung und Wachstum des menschlichen Leibes gültig und wirksam sind, denn auch bei ihnen geht es um Form und Grenze, Oberfläche, Wachstum, Gestaltbildung und Erhaltung.«[6]

Beim Modellieren entsteht eine Wechselwirkung zwischen Material, Formgebung, Vorstellung und Gefühlen, die direkt auf die »gestaltbildenden Kräfte des Leibes und der Seele«[6] wirken.

Für Kinder bietet sich als plastizierbares Material besonders Modellierwachs an. Es ist sauber, leicht zu handhaben und immer wieder verwendbar. Es lassen sich damit problemlos kleinste Figuren bilden. Modellierwachse gibt es in verschiedenen Farben. Das ist ein weiterer Vorzug, da das Element Farbe in den Gestaltungsprozeß einbezogen werden kann. Das ist für Kinder von nicht zu unterschätzendem Wert, da sie eine intensive Beziehung zur Farbe haben. Das farbige Modellierwachs ermöglicht ihnen eine zusätzliche Steigerung des bildnerischen Ausdrucks.

Modellieren ist für Kinderhände eine wichtige Beschäftigung.

Es können vielfältige ästhetische Erfahrungen gemacht werden. Das Kind erlebt, wie das harte, glatte Material durch Kneten in den warmen Händen weich und formbar wird. Es nimmt aufmerksam wahr, wie aus einer amorphen Masse ein konkretes Gebilde entsteht, das es mit den eigenen Händen geschaffen hat. Durch das Nachbilden von Figuren und Gegenständen wird das Beobachtungsvermögen geschult und der Wirklichkeitssinn nachhaltig gestärkt.

[6] Markus Treichler, Das Therapieangebot in der anthroposophischen Medizin. Menschengemäß aus Tradition und Innovation, Stuttgart 1998.

Durch das rhythmische Kneten üben Kinder ihre Feinmotorik. Das fördert nicht nur die Geschicklichkeit und Geduld, sondern beeinflußt - wie alle rhythmischen Bewegungen - positiv das Sprechen und Denken.
Durch das Gestalten des plastischen Materials in Gegenstände der Phantasie oder Wirklichkeit werden Formgefühl und Vorstellungskraft geweckt.

Das Gestalten eines gemeinsamen Themas, zu dem jeder seinen besonderen Beitrag leisten kann, bietet sich besonders für eine Kindergruppe an , z.B. anläßlich eines Kindergeburtstages. Themeninhalte können auch die Jahresfeste sein, die vier Jahreszeiten, die verschiedensten Märchen und die ganze Erfahrungswelt des Kindes vom Zirkus über die Ferienerlebnisse bis zum selbst gefertigten Zubehör für Kaufmannsladen und Puppenstube.

Gestalten mit Wachsfolien

Das Verzieren von Kerzen hat eine sehr alte Tradition und ist heute noch beliebt als Geschenk bei Geburtstagen und Jubiläen. Weniger bekannt ist das Verzieren von Gegenständen des täglichen Gebrauchs, z.B. Dosen, Gläser, Flaschen, Spiegel- oder Bilderrahmen usw. Hier eröffnet sich ein weites Gebiet kreativer Tätigkeit.

Material und Werkzeug für Kerze

- **Wachsfolien*** in verschiedenen Farben
- **1 Kerze,** 60 mm ∅, 150 mm hoch
- **Ornamente** siehe beigefügten Schablonenvordruck
- **Küchenmesser oder Nähnadel** zum Ausschneiden

* Zum Verzieren haben wir die 12er Packung (200 x 40 mm) der Stockmar Wachsfolien verwendet.

Über Wachsfolien

Achten Sie beim Kauf auf Material- und Farbqualität. Empfehlenswert sind Wachsfolien der Firma Stockmar. Sie sind mit lichtechten Farbpigmenten gefärbt und zeichnen sich durch eine große Palette leuchtender Farben aus.

Mit Wachsfolien lassen sich nicht nur Kerzen verzieren, sondern viele andere Gegenstände des täglichen Gebrauchs, z.B. Dosen, Gläser, Flaschen, Spiegel- oder Bilderrahmen usw.

Hinweise

Lagern Sie die Wachsfolien vor Gebrauch bei Zimmertemperatur. Mit einem spitzen Bleistift oder einer Nadel können Sie die gewünschten Formen direkt auf die Wachsfolien zeichnen, danach ausschneiden und auf die Kerze oder andere Gegenstände kleben. Einfacher und präziser ist es, eine Schablone anzufertigen.

Schablonen herstellen

Die Ornamente auf einen festen Karton aufmalen, Formen ausschneiden und auf die Wachsfolie drücken. Mit dem Messer oder einer Nadel ausschneiden.

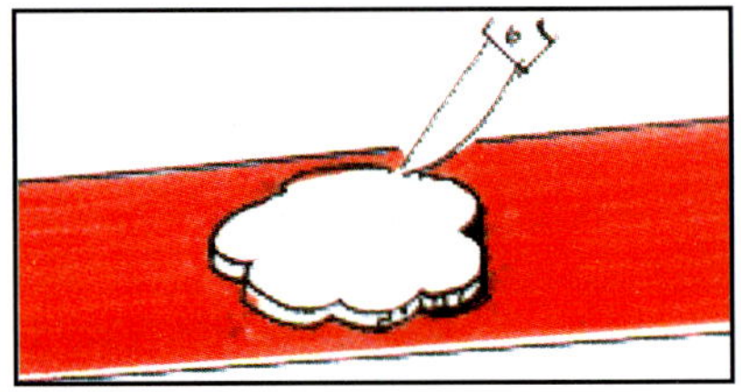

Punkte erstellen

Aus Wachsfolie kleine Kügelchen formen und flach drücken.

Haltbar machen

Verzierte Gegenstände (nicht Kerzen!) sollten mit Haarspray oder Klarlack eingesprüht werden. Dadurch werden sie haltbar und bekommen einen schönen Glanz.

Kerzen verzieren

1 **S**chneiden Sie aus beigefügtem Schablonen-Vordruck die Kerzen-Ornamente aus.

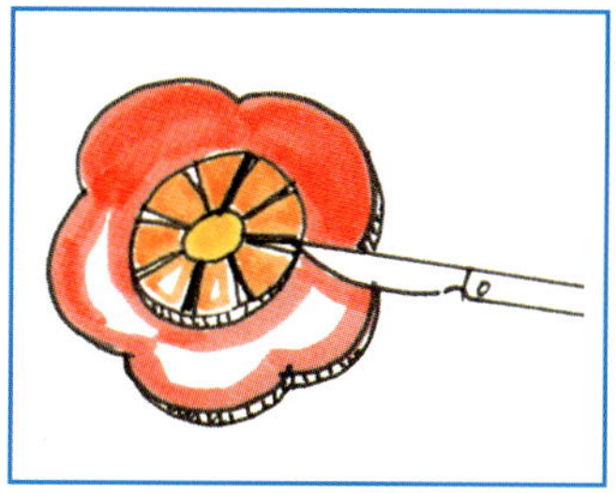

Schablonen herstellen

2 **O**rnamente wie unter »Hinweise« beschrieben auf die Wachsfolie drücken, Formen mit dem Messer oder einer Nadel ausschneiden.

3 **B**lüte auf die Mitte der Kerze drücken; in die Mitte einen hellroten Punkt kleben und mit dem Messer sternförmig einkerben. Einen kleinen gelben Punkt obendrauf setzen.

4 **D**ie übrigen Formen gemäß Musterzeichung auf der Kerze anbringen.

Spanschachtel

Material und Werkzeug für Spanschachtel

- **Wachsfolien*** in den Farben Hellrot, Dunkelrot, Gelb, Blau, Orange
- **1 Spanschachtel,** ⌀ 8 cm
- **Ornament** siehe beigefügten Schablonenvordruck
- **Küchenmesser oder Nähnadel** zum Ausschneiden
- **Lineal**

1 **Schablonen**
Aus beigefügtem Schablonenvordruck das Dreieck für die Spanschachtel ausschneiden, auf die Wachsfolie drücken und ausschneiden.

Sie benötigen:

4 rote Dreiecke
4 gelbe Dreiecke
4 blaue Dreiecke
4 orangefarbige Dreiecke

* Zum Verzieren haben wir die 12er Packung (200 x 40 mm) der Stockmar Wachsfolien verwendet.

2 Deckel mit Wachsfolie beziehen

Hellroten Wachsfolienstreifen in der Mitte teilen und Streifen dicht nebeneinander auf den Deckel drücken. Naht mit dem Finger verstreichen.

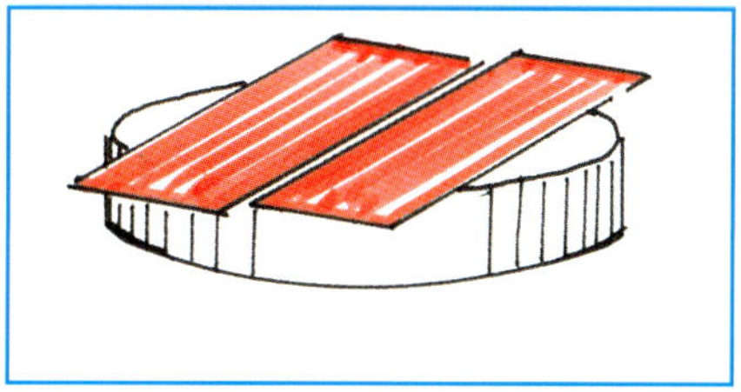

Deckel umdrehen und überstehende Wachsfolie mit dem Messer sauber abschneiden.

Die Reststücke mit der geraden Kante anlegen, Nähte mit dem Finger verstreichen; den Deckel umdrehen und die überstehende Wachsfolie sauber abschneiden.

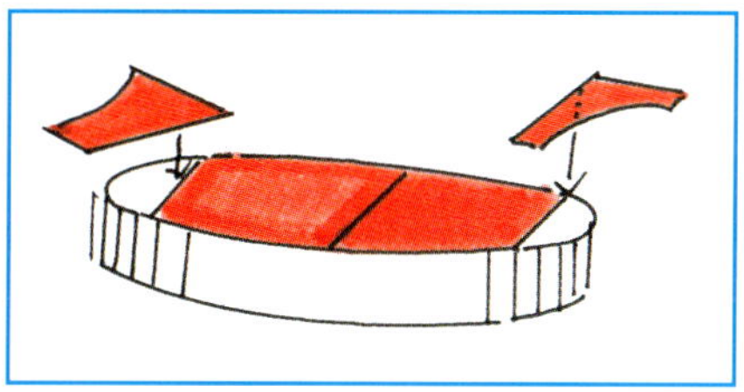

3 Deckelrand

Mit Hilfe des Lineals einen orangefarbigen Streifen in Höhe des Deckelrandes abschneiden, auf den Rand drücken, Naht sauber verstreichen.

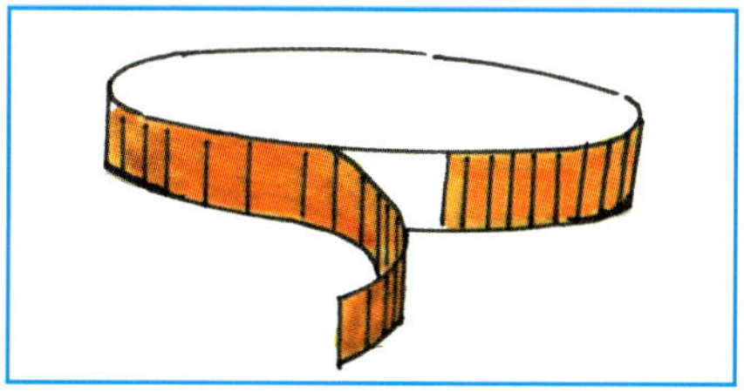

4 Deckel verzieren

Vier dunkelrote und vier gelbe Dreiecke dem unteren Muster entsprechend auf den Deckel legen und andrücken.

5 Schachtelrand verzieren

Für den Schachtelrand je 5 blaue und 5 orangefarbige Dreiecke im Wechsel nebeneinander kleben. Dazwischen gemäß Muster farbige Punkte setzen.

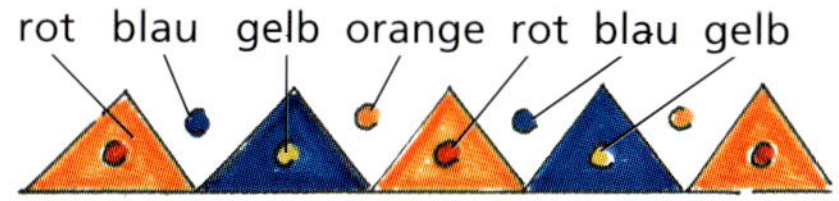

Verzierte Spanschachtel mit Haarspray besprühen oder mit Klarlack haltbar machen.

TIP:

Da der Umfang der Spanschachteln geringen Größenschwankungen unterliegen kann, ist es möglich, daß das letzte Dreieck nicht ganz paßt; ist es zu groß, mit dem Messer einen schmalen Streifen abschneiden, ist es zu klein, das letzte Dreieck und die Nachbardreiecke mit den warmen Fingern vorsichtig breiter drücken.

Kugeln

Kugeln mit Wachsfolien beziehen

Material und Werkzeug für Kugeln

- **Wachsfolien***
- **Kugeln** aus Watte, ⌀ 50 mm (Bastelgeschäft)
- **Ornamente** siehe Schablonenvordruck
- **Küchenmesser oder Nähnadel** zum Ausschneiden
- **Lineal**

1 Wachsfolienstreifen um die Kugel legen, überstehende Stücke abschneiden, Nahtränder gut andrücken. Seitenränder einige Male einschneiden, damit sich die Folie besser um die Rundung legt (s. Zeichnung 1); Seitenränder andrücken. Aus dem restlichen Streifen Vierecke ausschneiden, auf die noch

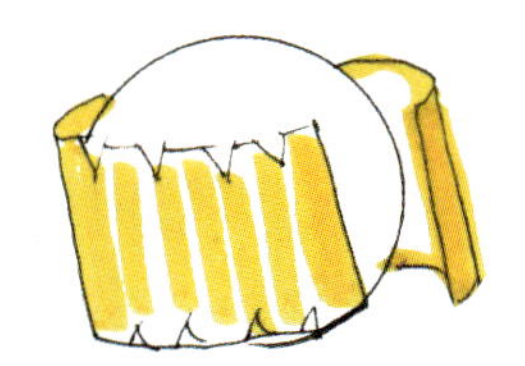

Zeichnung 1

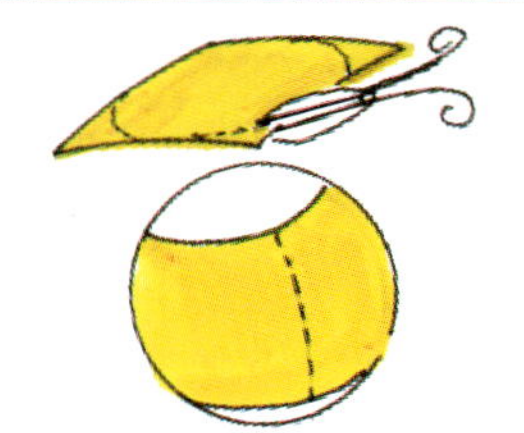

Zeichnung 2

* Zum Verzieren haben wir die 12er Packung (200 x 40 mm) der Stockmar Wachsfolien verwendet.

nicht bezogenen Stellen legen, überstehende Ecken rund abschneiden, Ränder andrücken (s. Zeichnung 2).

2 **TIP**:Kugel in der Hand gut erwärmen. Danach Unebenheiten mit den Fingern verstreichen.

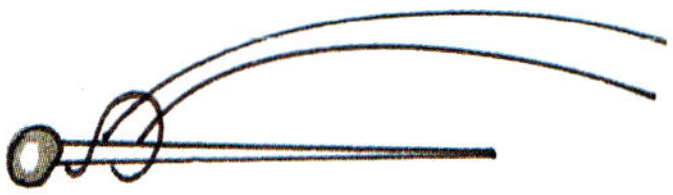

Faden anbringen
Faden mit einem Kügelchen Wachsfolie festkleben. Stabiler ist es, den Faden um eine Stecknadel zu schlingen (Zeichnung) und die Nadel in den Kugelkörper zu stekken.

Gelbe Kugel

Aus beigefügtem Schablonenvordruck die Ornamente für gelbe Kugel ausschneiden.
Zum Verzieren benötigen Sie:

2 Vögel oder Hasen
2 Tulpenblüten
4 Blätter

Verzieren
Kugel mit gelber Wachsfolie beziehen (s. Zeichnungen 1 u. 2). Figuren (Blume, Vogel oder Hase) im Wechsel auf die Kugel kleben. Für Blütenstengel schmale Streifen schneiden (ca. 1,5 cm), Blätter und Punkte ankleben.

Bunte Kugel

Aus beigefügtem Schablonenvordruck Ornamente ausschneiden:
3 dunkelrote, 3 gelbe, 3 blaue und 3 hellrote Dreiecke, 6 gelbe und 6 grüne Blattformen, 8 violette Streifen, ca. 2mm breit.

Verzieren
Kugelmitte markieren. Dreiecke gemäß Zeichnung entlang dem Mittelrand aufkleben. Streifen, grüne und gelbe Blattformen zwischen den Dreiecken nach oben und unten führen.

Rosa Kugel

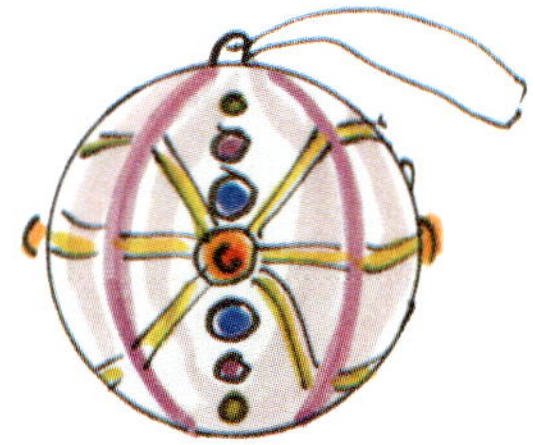

Sie benötigen keine Schablonen. Mit Hilfe des Lineals violette und gelbe Streifen abschneiden, ca. 2 mm breit.
Für die Punkte benötigen Sie:
8 blaue, 8 violette, 8 gelbe und 4 orangefarbige Kügelchen in verschiedenen Größen (siehe Seite 42).

Verzieren
Kugel mit rosa Wachsfolie beziehen (s. Zeichnungen1 u. 2). Violette Streifen über Kreuz um die Kugel führen. Punkte gemäß Muster aufkleben. Gelbe Streifen am mittleren Punkt anlegen und sternfömig zur violetten Linie führen und abschneiden.

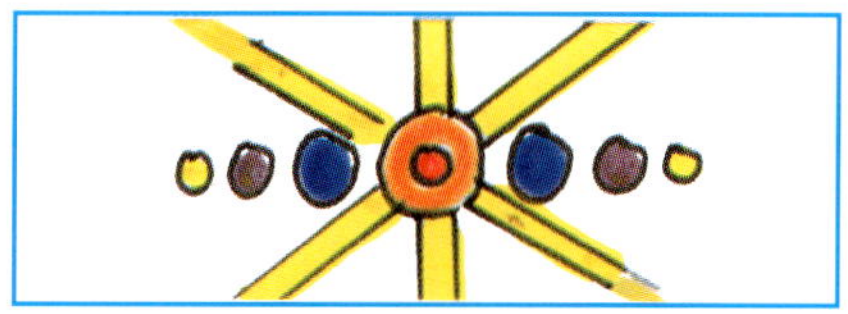

Kugeln mit Haarspray besprühen oder mit Klarlack haltbar machen.

Die Welt verwandeln

Kinder gestalten mit Wachsfolien

Während das Malen, Aquarellieren und Modellieren bei Kindern meist einem spontanen Impuls entspringt, haben kunsthandwerkliche Tätigkeiten einen zielgerichteten Charakter. Aus einem bestimmten Anlaß soll ein Gegenstand neu gestaltet oder bearbeitet werden.

Vor der kreativen Aktion steht der Willensimpuls. Danach steigt aus den Tiefen der Seele nicht der Wunsch herauf, sich »künstlerisch« mitzuteilen, sondern ein Bewußtseinsakt tritt an die Stelle. Die konkrete Vorstellung: Was möchte ich tun, wie möchte ich es tun und wie kann ich es tun?

Erst wenn diese Entscheidung getroffen ist, beginnt der kreative Prozeß. Er besteht darin, einen vorhandenen Gegenstand zu verändern, zu verformen, zu verwandeln und umzugestalten.

Beim kunsthandwerklichen Gestalten werden bestimmte Fähigkeiten angesprochen: die bewußte Auseinandersetzung zwischen wahrnehmen, vorstellen und realisieren. Der Wirklichkeitssinn und das Wahrnehmungsvermögen werden dabei geschärft, die Vorstellungskräfte geschult. »Die Spannungen zwischen dem Machenden und dem Entstehenden, zwischen Material und seiner Verwandlung, zwischen Produktion und Reflexion, zwischen Zufall und Wollen, zwischen Einfühlung und Aktion werden im Vorgang des Machens offenbart...Der Vorgang des Machens eröffnet Wege zu einer bewußten bildnerischen Auseinandersetzung mit den Wirklichkeiten der Umwelt.«[7]

Das Gestalten mit Wachsfolien setzt eine gewisse Geschicklichkeit voraus. Das Ausschneiden und Aufkleben kleiner Ornamente und Bildteile erfordert ein bestimmtes Maß an Präzision, wie man es bei schulreifen Kindern voraussetzen kann. Aber auch kleinere Kinder können sich schon beteiligen, wenn man die Spielräume weiter steckt. Am besten eignen sich Reste von Modellierwachs, mit denen kleine Kinder Kerzen oder andere Gegenstände nach eigenem Gutdünken schmükken können.

Der wesentliche, spielerische Lerneffekt beim Gestalten mit Wachsfolien ist es, durch Erfinden von Ornamenten und das Zusammensetzen einzelner Teile zu einem Muster oder Bild, den Vorgang des Ordnens und Zusammenfügens zu üben.

Die Wachsfolien mit ihren vielen leuchtenden Farben regen an, mit Farben und Formen zu experimentieren und Gegenständen des täglichen Gebrauchs eine neue Gestalt und einen neuen »Sinn« zu geben.

[7] Reinhard Pfennig, Erziehung zum bildnerischen Denken, Oldenburg 1967